W0020921

Dieses Buch kann alleine lesen:

_____

Erste Geschichten
zum Lesenlernen

Die **LESEMAUS** ist eine eingetragene Marke des Carlsen Verlags.

Sonderausgabe im Sammelband | ISBN: 978-3-551-06616-9
Rosa fängt einen Dieb © Carlsen Verlag GmbH, Hamburg 2010
Moritz rettet den Fußball © Carlsen Verlag GmbH, Hamburg 2012
Ein wildes Tier im Park © Carlsen Verlag GmbH, Hamburg 2012
Umschlagkonzeption: Karin Kröll | Umschlagillustration: Sigrid Leberer
Illustration der Lesemaus: Hildegard Müller
Lesemaus-Redaktion: Anja Kunle
Druck und Bindung: Livonia Print, Riga | Printed in Latvia

**Lesemaus-Bücher gibt es überall im Buchhandel und unter www.lesemaus.de.
Newsletter mit tollen Lesetipps kostenlos per E-Mail: www.carlsen.de**

Inhalt

9   Rosa fängt einen Dieb

35   Moritz rettet den Fußball

61   Ein wildes Tier im Park

86   Lesenlernen mit der Lesemaus

Rosa fängt einen Dieb

Eine Geschichte von Manuela Mechtel
mit Bildern von Sigrid Leberer

Urlaub am Meer

Rosa ist mit ihrer Familie im Urlaub.

Sie haben Glück:

Jeden Tag scheint die !

Morgens gehen sie zum _____ .

Sie haben einen _____ gemietet.

Rosas neue Freundin heißt Milli.

Rosa und Milli sammeln _____ und

bauen _____ am  .

Jeden Tag eine neue!

Mit ihrem Bruder Lukas kann Rosa

keine 🏖️🏖️ bauen.

Er ist ja noch ein 👶!

„Drüben gibt es 🍦", sagt Rosa.

Ihre Mama gibt ihr 💶.

Milli und Rosa rennen zum .

Dort ist es voll heute. Sie müssen anstehen.

Als sie zurückkommen, sehen sie

einen fremden 🧍 bei Millis 🏖️.

„Was macht der denn da?", fragt sich Milli.

Millis Eltern sind nicht da.

Sie schwimmen weit draußen im .

Der fremde zieht etwas

aus der von Millis Papa.

Er steckt es in eine blaue .

„Das ist ein Dieb!", flüstert Rosa.

Milli nickt. „Das war Papas .

Da ist viel 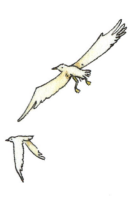 drin!

Wir waren gerade bei der Bank!"

Der  ist schon weitergegangen.

Wohin?

Sie entdecken ihn nebenan

beim  von Rosas Familie.

Er wühlt in ihrem großen .

Rosas Eltern merken nichts –

sie planschen friedlich

mit dem  vorne am .

„Haltet den Dieb!", schreien Rosa und

Milli und laufen los.

Leserätsel

Wo macht Rosa Urlaub?

[M] Im Urwald.

[F] Am Nordpol.

[Z] Am Meer.

Wie heißt Rosas neue Freundin?

[A] Minni

[W] Milli

[O] Willi

Warum kann Rosa mit ihrem Bruder keine Sandburgen bauen?

- [E] Er ist noch ein Baby.
- [T] Er isst den Sand auf.
- [B] Er ist bei der Bank.

Worin verstaut der Dieb das Diebesgut?

- [E] In einer Eistüte.
- [I] In einer Plastiktüte.
- [N] In seiner Badehose.

Die Buchstaben neben den richtigen Antworten verraten dir, wie viele Eiskugeln Rosa gekauft hat: __ __ __ __

Der Dieb läuft davon

Überrascht dreht der Dieb den um.

Rosa und Milli rufen wieder:

„Haltet den Dieb!"

Er lässt schnell den los,

packt seine blaue und läuft davon.

Quer über den  .

Rosa und Milli rennen hinterher.

Aber der Dieb ist schneller.

Er hat ja auch viel längere .

„Ich hab's!", keucht Milli.

Sie wirft ihr 🍦 nach dem Dieb.

Leider wirft sie daneben: auf einen .

„Aber die Idee war spitze!", nickt Rosa.

Sie zielt und trifft!

Ihr 🍦 klatscht dem Dieb auf den

und rutscht unter sein .

Er schreit auf, stolpert und fällt hin.

„Wir haben ihn!", juchzen Milli und Rosa

und fallen sich in die 🤝 .

Dann rennen sie weiter,

aber jetzt ist der Dieb weg!

Da, wo er hingefallen war,

liegt nur noch Rosas im Sand.

„Mein Lieblingseis", seufzt Rosa. „ !"

„Komm, wir suchen den 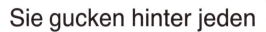 ab!",

schlägt Milli vor.

Sie gucken hinter jeden

und in jede .

„Wie sollen wir den Dieb nur finden?",

überlegt Rosa.

Milli und Rosa sehen sich alle

am genau an.

Viele tragen nur  und .

Manche haben einen dicken .

„Der Dieb hatte jedenfalls keinen",

meint Milli.

Eine  trug er auch nicht.

„Aber ein buntes ", fällt Rosa ein.

Leserätsel

Was rufen Rosa und Milli?

P Haltet den Mund!

T Haltet euch fest!

M Haltet den Dieb!

Welcher Weg führt zum Dieb?

E
A
O
U

Warum kann der Dieb schneller rennen als Rosa und Milli?

- R Er hat vier Beine.
- E Er hat längere Beine.
- T Er hat krumme Beine.

Welche Eissorte mag Rosa am liebsten?

- U Melone
- D Kanone
- R Zitrone

Die Buchstaben neben den richtigen Antworten ergeben ein Lösungswort:

__ __ __ __

Keine Verluste zu beklagen

„Vielleicht sitzt er ja längst im Café?",

meint Milli. „Und trinkt ?"

Das Café ist direkt neben dem .

Alle sind besetzt.

Rosa und Milli sehen den Dieb sofort!

Er sitzt in der ☀ und trinkt ein 🍺.

Er trägt immer noch das bunte 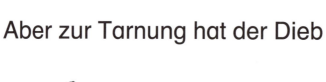.

Aber zur Tarnung hat der Dieb

eine 👓 aufgesetzt.

Die 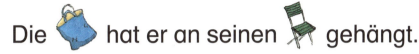 hat er an seinen  gehängt.

„Los, wir klauen sie ihm!", flüstert Milli.

„Aber dann sind wir ja selbst Diebe",

wendet Rosa ein.

Milli faucht: „Es ist doch unser !"

In dem Moment hebt der Dieb den .

Er erkennt sie!

Erschrocken steht er auf und

wirft dabei fast den um.

„Jetzt oder nie!", ruft Milli.

Der Dieb drängt sich zwischen

den durch.

Vor lauter Eile vergisst er die .

Er hat Angst vor Rosa und Milli!

Sie lassen ihn laufen und

nehmen sich die .

 schlendern sie

über den ——— zu Rosas .

Die ganze Familie ist dort versammelt.

Auch Millis Eltern sind da.

„Gut, dass wenigstens ihr beiden wieder da seid!", sagt Rosas Mama ernst.

Millis Papa stöhnt: „Stellt euch vor! Mein  wurde geklaut!"

Rosas Papa gibt dem  einen Tritt: „Unser  ist auch weg!"

„Dafür kann doch der  nichts!", ruft Rosas Mama.

Nur Lukas, das , spielt still im Sand.

„Nun hört doch mal zu!", ruft Rosa.

„Wir haben nämlich dem Dieb ..."

„... das ganze wieder

abgenommen!", ergänzt Milli.

Stolz schütten sie die aus und

die beiden fallen heraus.

Das 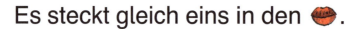 freut sich!

Es steckt gleich eins in den  .

Die Erwachsenen wollen wissen,

wie Rosa und Milli das geschafft haben.

Rosa und Milli erzählen von der Jagd.

Rosas Mama ruft staunend:

„Was seid ihr für starke Freundinnen!"

Sie gibt ihnen  für ein neues .

Rosa kauft sich drei Kugeln .

Milli nimmt drei Kugeln .

Von Millis Mama bekommen sie

zwei nagelneue  geschenkt.

Damit bauen sie die schönste .

Direkt am .

Wörterliste

 Sonne Kiosk

 Strand Mann

 Strandkorb Hose

 Muscheln Plastiktüte

 Sandburgen Geldbeutel

 Meer Rucksack

 Baby Kopf

 Eis Beine

 Geld Sonnenschirm

Hals
 Sonnenbrille

 Hemd
 Bier

 Arme
 Tische

 Zitrone
 Stuhl

 Sandburg
 Tisch

 Männer
 Hand

 Badehosen
 Mund

 Sonnenbrillen
 Schokolade

 Bauch
 Spaten

Infoseite

Was brauchst du für einen Tag am Meer oder am Badesee?

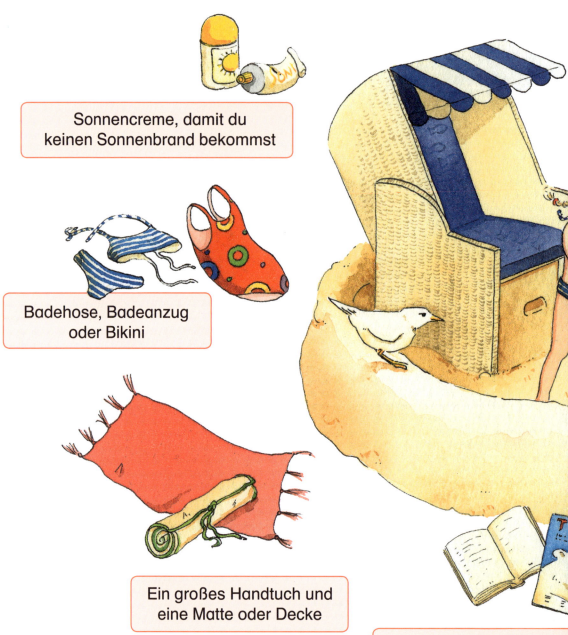

Sonnencreme, damit du keinen Sonnenbrand bekommst

Badehose, Badeanzug oder Bikini

Ein großes Handtuch und eine Matte oder Decke

Ein Buch, eine Zeitschrift oder ein Rätselheft

Etwas Geld, mit dem du dir ein Eis kaufen kannst

Sonnenbrille, Schildmütze oder Sonnenhut

Wasser, Saft und Proviant für zwischendurch (Achtung: Nicht mit vollem Bauch ins Wasser gehen!)

Eimer und Spaten zum Sandburgenbauen und Muschelnsammeln

Eine große Tasche, in die du alles packen kannst

Lösungen

S. 14/15:

Rosa macht Urlaub am Meer.
Rosas neue Freundin heißt Milli.
Rosa kann mit ihrem Bruder keine Sandburgen bauen, weil er noch ein Baby ist.
Der Dieb verstaut das Diebesgut in einer Plastiktüte.
Rosa hat sich ZWEI Eiskugeln gekauft.

S. 20/21:

Rosa und Milli rufen: „Haltet den Dieb!"
Das ist der Weg zum Dieb:

Der Dieb kann schneller rennen als Rosa und Milli, weil er längere Beine hat.
Rosa mag am liebsten Zitrone.
Lösungswort: MEER

Moritz rettet den Fußball

Eine Geschichte von Petra Wiese
mit Bildern von Dorothea Tust

Fußball im Garten

Anton 🧒 und Moritz 🧒 sind Brüder.

Sie machen alles zusammen.

Am liebsten spielen sie ⚽.

Nach dem Mittagessen flitzen sie

in den Garten.

Zwei 🧹 sind das 🥅.

🧒 ist Torwart.

„Den hältst du nie!", ruft .

Er nimmt Anlauf und kickt.

Der fliegt in hohem

über den .

 springt hoch,

aber er fängt den nicht.

Der fliegt über den

und landet im Garten von Herrn .

"Oh nein!", ruft 🧒.

🧒 stampft mit dem 🦶.

"Du 👛!", sagt er.

"Hol den ⚽ zurück."

„Wieso ich?", fragt 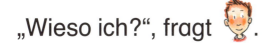.

„Du stehst doch im !"

„Aber du hast geschossen!", sagt .

„Also holst du ihn zurück!"

 sagt nichts.

„Du musst bei Herrn klingeln",

sagt .

„Niemals", sagt .

„Der guckt immer so brummig."

39

Leserätsel

Was stimmt?

B Anton und Moritz sind Brüder.

F Anton und Moritz sind Freunde.

E Anton und Moritz sind Schwestern.

Was spielen Moritz und Anton am liebsten?

C Handball

J Opernball

A Fußball

Womit bauen sie das Tor?

- G Mit Dosen

- L Mit Besen

- O Mit Vasen

Wem gehört der Garten nebenan?

- Z Herrn Ohne
- S Herrn Bohne
- L Herrn Krone

Die Buchstaben neben den richtigen Antworten ergeben ein Lösungswort:

___ ___ ___ ___ ___

Wer klingelt?

„Du weißt doch, wie Frau

uns zur gemacht hat", sagt .

Gestern landete der

im Garten von Frau .

 und klingelten an ihrer .

Frau kreischte wie eine ,

nachdem sie die geöffnet hatte.

Denn und hatten sie

beim Mittagsschlaf gestört.

 bekommt eine Gänsehaut,

als er daran denkt.

„Ich traue mich nicht, bei Herrn

zu klingeln", sagt .

„Vielleicht macht er auch

einen Mittagsschlaf?"

„Sei kein ", sagt .

„Geh schon!"

„Ich geh nicht!", sagt .

„Du !", sagt .

 wird rot wie eine .

„Wenn du so mutig bist,

dann klingele doch selbst

an seiner ",

sagt er.

 steckt die ✋ in die 👖.

Er traut sich auch nicht,

bei Herrn zu klingeln.

„Also bist du auch eine 🍶!",

ruft 👦.

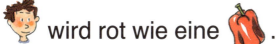 wird rot wie eine 🌶.

„Wir klettern über den 🔲 ", meint er.

„Das dürfen wir nicht", sagt .

Ihr Vater hat es verboten.

Der 🔲 soll nicht kaputtgehen.

Leserätsel

Puzzle die Buchstaben richtig zusammen.

Sie ergeben ein wichtiges Wort beim Fußball: __ __ __

Wer wird rot wie eine Tomate?

N Anton

M Moritz

Was dürfen Anton und Moritz nicht?

U Über den Zaun klettern

O Über den Baum schmettern

Wer wird rot wie eine Paprika?

☐W Frau Stein

☐T Anton

Die Buchstaben neben den richtigen Antworten ergeben ein Lösungswort:

___ ___ ___

Ergänze die fehlenden Buchstaben.

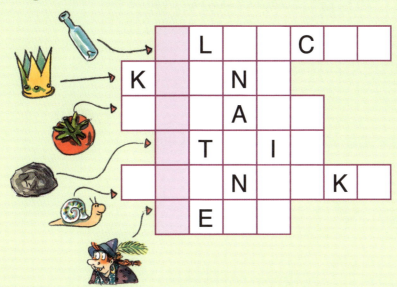

In den farbigen Feldern ergibt sich ein Lösungswort:

___ ___ ___ ___ ___ ___

Auch das noch!

„Lieber Ärger mit Papa

als mit Herrn ", sagt .

Er klettert über den .

Plötzlich biegt ein um die .

Wie ein rast er auf zu.

Dabei bellt er laut.

Schnell klettert auf einen .

Sein klopft wild.

Auch bekommt einen Schreck.

„Mach die !", ruft .

Der hört zu bellen auf.

Aber er geht nicht weg,

sondern schnüffelt am .

Aus Antons schießen zornige .

„Blöder !", schimpft er.

Der ist zwar klein,

aber traut sich nicht herunter.

wundert sich.

Seit wann hat Herr  einen ?

„Hilf mir!", ruft vom herunter.

 geht neben dem auf und ab.

„Mach schon!", sagt .

„Ich will nicht ewig in diesem hocken!"

 möchte helfen. Aber wie?

Der legt sich neben den .

„Verschwinde!", ruft .

Aber der  steht nicht auf.

„Du musst bei Herrn  klingeln!",

ruft .  stöhnt.

50

Langsam wie eine 🐌 geht er los.

Sein ❤️ pocht, als er vor der 🚪 steht.

Sein 👉 zittert, als er auf die 🔔 drückt.

Herr 👑 öffnet die 🚪.

„Hallo", brummt er. „Was ist denn los?"

🧒 erzählt ihm, was passiert ist.

Herr 👑 lacht.

Er sieht gar nicht mehr brummig aus.

Plötzlich findet 🧒 ihn sogar sehr nett.

Und da muss 🧒 auch lachen.

„Komm mit", sagt Herr 👑.

„Wir retten 👦 und den ⚽."

👦 zögert.

„Ist Ihr 🐕 gefährlich?", fragt er.

„Nein", sagt Herr 👑.

„Baldo ist wild, weil er jung ist.

Er kann sogar ⚽ spielen!"

„Niemals!", sagt 👦 und

geht mit Herrn 👑

in den Garten.

Der  läuft ihnen entgegen.

Dabei wedelt er mit dem .

 streichelt Baldo.

„, komm runter", ruft .

„Der  ist ganz lieb."

Er kichert. „Und Herr  auch."

 klettert vom  herunter.

Und dann spielen sie zusammen !

Baldo steht im  und

lässt keinen  durch.

Wörterliste

 Anton   Fuß

 Moritz   Pfeife

 Fußball   Stein

 Besen   Schnecke

 Tor   Tür

 Bogen   Hexe

 Rasen   Frosch

 Zaun   Flasche

 Krone   Tomate

 Hände  Augen

 Hosentaschen 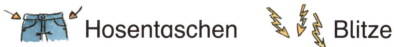 Blitze

 Paprika   Finger

 Hund   Klingel

 Ecke   Schwanz

 Blitz

 Baum

 Herz

 Fliege

Infoseite
Mut und Angst

Mut und Angst sind Gefühle. Wenn sich jemand mutig fühlt, dann hat er keine Angst davor, etwas zu tun. Jeder möchte gern mutig sein und keine Angst haben.
Aber manchmal ist es wichtig, dass man Angst bekommt. Sonst wird man übermütig und bringt sich in gefährliche Situationen. Beide Gefühle sind also sehr wichtig.
In unserer Sprache drückt man diese Gefühle oft mit Sprachbildern aus.

Mutig wie ein Löwe sein

Sich in die Höhle des Löwen wagen

Das Herz eines Löwen haben

Angsthase

Hasenfuß

Hasenherz

Lösungen

S. 40/41:
Anton und Moritz sind Brüder.
Moritz und Anton spielen am liebsten Fußball.
Sie bauen das Tor mit Besen.
Der Garten nebenan gehört Herrn Krone.
Lösungswort: BALL

S. 46/47:
Ein wichtiges Wort beim Fußball: TOR
Moritz wird rot wie eine Tomate.
Anton und Moritz dürfen nicht über den Zaun klettern.
Anton wird rot wie eine Paprika.
Lösungswort: MUT

			F	L	A	S	C	H	E
		K	R	O	N	E			
			T	O	M	A	T	E	
					S	T	E	I	N
		S	C	H	N	E	C	K	E
						H	E	X	E

Lösungswort: FROSCH

58

Ein wildes Tier im Park

„ gehabt", denkt Leonie.

Sie darf das mitnehmen.

Schnell zieht sie

ihre  an

und geht in den Park.

Leonie hält sich das

vor die .

Sie kann weit sehen –

bis in die Wipfel der  .

Leonie sucht Niki.

So nennt sie ein .

„Hallo, da bist du ja",

sagt Leonie.

Das  turnt flink

auf dem herum.

Es huscht von zu .

Durch das sieht Leonie

die Beine genau.

Die 5 Zehen hinten haben

scharfe Krallen.

Leonie kann auch die Zehen

vorne sehen.

Es sind nur 4!

Das ist lustig.

Nun saust das

den Baum hinunter.

Es flitzt mit dem Kopf voran

den Stamm hinab.

Auf dem Boden hüpft es

in langen Sprüngen weiter.

Plötzlich hält das an

und richtet sich auf.

Aufmerksam schaut es umher.

Seine sind gespitzt

und die Schnurrhaare zucken.

Was ist jetzt los?

Leserätsel

Wie nennt Leonie das Eichhörnchen?

- M Kiki
- N Niki
- O Pipi
- P Miki

Warum kann Leonie das Eichhörnchen so gut sehen?

- U Sie schaut durch ein Fernglas.
- V Sie hat eine neue Brille.
- W Das Eichhörnchen ist riesengroß.

Wie viele Zehen hat das Eichhörnchen hinten?

- [S] Fünf 5
- [T] Sechs 6
- [U] Vier 4

Wie viele Zehen hat es vorne?

- [S] Vier 4
- [R] Sechs 6
- [B] Fünf 5

Die Buchstaben neben den richtigen Antworten ergeben ein Lösungswort:

__ __ __ __

Vorräte für den Winter

Unter den

findet das eine .

Die hält es gut fest.

sind lecker!

Mit den langen, scharfen Zähnen

knackt es die .

Es knabbert sie auf.

Das  sucht unter

einem  weiter nach Futter.

Bald wird es Winter.

Das  hält aber

keinen Winterschlaf.

Also sammelt es fleißig ,

 und versteckt sie.

So muss es im Winter

nicht hungern.

In einem hohlen Baumstamm

liegen Beeren und .

Unter einer  liegen

 und .

In einem leeren

hat das

sein Lieblingsfutter versteckt:

Walnüsse,

und sogar einen  !

Das  vergräbt die Nahrung

schon im Herbst.

Es gräbt sein Futter

erst Wochen später wieder aus.

Ob das  im Winter

alle Verstecke wiederfindet?

Manchmal ist es ein bisschen vergesslich.

Wenn das  eine vergisst,

dann wächst im Frühling

ein  daraus.

Leserätsel

Kreise ein: Was sammelt das Eichhörnchen nicht?

Ergänze die fehlenden Buchstaben:

NIKI HÄLT KEINEN WI☐TERSCHLAF.

NIKI SAMMELT FUTTER
FÜR DEN W☐NTER.

NIKI ☐NABBERT EINE NUSS.

MANCHMAL FINDET NIKI
DAS VERSTECK N☐CHT WIEDER.

Puzzle die Buchstaben
richtig zusammen:

___ ___ ___ ___

Eine wilde Verfolgungsjagd

„Achtung!", ruft Leonie laut.

Eine  springt

aus einem 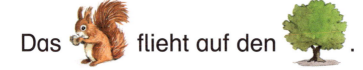.

Das  flieht auf den .

Die  klettert hinterher.

Sie klettert auch gut.

Aber Niki ist viel schneller.

Die  jagt Niki

von  zu .

Beide Tiere klettern immer höher.

Im Baumstamm ist ein kleines .

Das 🐿 schlüpft

schnell wie ein ⚡

in die Baumhöhle.

Die 🐈 ist zu groß.

Sie passt nicht durch das ⬤.

Pech gehabt, Katze!

Die  faucht.

Das  knurrt böse.

„Lass Niki in Ruhe!", ruft Leonie.

Da gibt die  auf.

Sie klettert den 🌳 hinunter

und verschwindet im 🌿 .

Leonie lacht.

Das 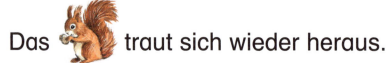 traut sich wieder heraus.

Mit großen Augen

schaut es sich um.

Dann flitzt es zu seinem Kobel.

So nennt man das runde

des .

Niki ist nicht mehr zu sehen.

Leonie wartet.

Sie schaut auf ihre .

Das  macht

eine lange Pause.

Leonie geht zu dem .

Sie raschelt mit einer .

Die hat sie extra in den Park

mitgenommen.

Neugierig steckt das

seinen Kopf aus dem Kobel.

Leonie legt ein paar

unter den .

Dann geht sie

einige Schritte zurück.

Die  rascheln

unter ihren Füßen.

Niki saust den Stamm herunter

und schnappt sich eine .

Das schaut Leonie an.

„Guten Appetit, Niki!",

sagt Leonie.

Wörterliste

 Schwein   Ast

 Fernglas    Fünf

 Jacke    Vier

 Augen   Ohren

 Baum   Blätter

 Bäume   Busch

 Eichhörnchen   Pilze

Tannenzapfen Katze

 Wurzel Loch

 Haselnüsse Blitz

 Nest Uhr

 Walnüsse Tüte

 Schokoriegel Erdnüsse

 Walnuss Erdnuss

Infoseite
Hier siehst du, wie das Eichhörnchen wohnt und was es frisst.

Lösungen

S. 66/67:
Leonie nennt das Eichhörnchen Niki.
Sie schaut durch ein Fernglas.
Hinten hat das Eichhörnchen fünf Zehen, vorne vier.
Lösungswort: **NUSS**

S. 72/73:
Was das Eichhörnchen nicht sammelt:
Handschuh, Luftballon, Auto
Lösungswort: **NIKI**

Lesen lernen mit der Lesemaus

Liebe Eltern,

alle Kinder wollen Lesen lernen. Sie sind von Natur aus wissbegierig. Diese Neugierde Ihres Kindes können Sie nutzen und das Lesenlernen frühzeitig fördern. Denn Lesen ist die Basiskompetenz für alles weitere Lernen. Aber Lesenlernen ist nicht immer einfach. Es ist wie mit dem Fahrradfahren: Man lernt es nur durch Üben – also durch Lesen.

Lesespaß mit Lesepass

Je regelmäßiger Ihr Kind übt, desto schneller und besser wird es das Lesen beherrschen. Eine schöne Motivation kann unser 10-Minuten-Lesepass sein. Das Trainingsprogramm mit Sammelpunkten erfordert nur kurze Leseeinheiten von 10 Minuten. Das Sammeln macht Kindern Spaß und motiviert sie von Anfang an. Den Lesepass finden Sie kostenlos zum Download unter carlsen.de/lesepass.

Wie können Sie Ihr Kind beim Lesenlernen unterstützen?

Je positiver Kinder das Lesen erleben, desto motivierter sind sie, es selbst zu lernen. Versuchen Sie, Ihrem Kind

ein Vorbild zu sein. Zeigen Sie Ihrem Kind, dass Lesen und Schreiben zum Alltag gehören.
Etablieren Sie gemeinsame Leserituale. So erfährt Ihr Kind: Lesen macht Spaß!
Lesen Sie Ihrem Kind mindestens bis zum Ende der Grundschulzeit vor. Auch wenn Ihr Kind zunehmend eigenständig liest, bleibt das Vorlesen ein schönes und sinnvolles Ritual.

Lesen lernen mit der Lesemaus

Jedes Kind lernt unterschiedlich schnell lesen. Orientieren Sie sich bei der Auswahl von Erstlesebüchern an den Interessen und Lesefähigkeiten Ihres Kindes. Die Geschichten sollen Ihr Kind fordern, aber nicht überfordern.
Die Lesemaus zum Lesenlernen bietet spannende und leicht verständliche Geschichten für Leseanfänger. Altersgerechte Illustrationen helfen, das Gelesene zu verstehen.
Mit lustigen Leserätseln können die Kinder ihre Lernerfolge spielerisch selbst überprüfen. Außerdem gibt es in jedem Band interessante Sachinfos für Jungen und Mädchen.

Ihnen und Ihrem Kind viel Spaß beim gemeinsamen Lesen und Vorlesen!

Lesen lernen in kleinen Schritten

Der Leselern-Prozess vollzieht sich über längere Zeit und in mehreren Schritten. Genauso differenziert wie dieser Prozess sind die Erstlesebücher mit der Lesemaus.
Umfang, Wortschatz, Schriftgröße, Text-Bild-Verhältnis der Geschichten und das Niveau der Leserätsel sind optimal auf die verschiedenen Phasen des Lesenlernens abgestimmt:

Bild-Wörter-Geschichten – mit Bildern lesen lernen

- Erste Geschichten mit Bildern statt Wörtern für Leseanfänger
- Große Fibelschrift
- Wenig Text, viele farbige Bilder

Geschichten im Dialog – zu zweit lesen lernen

- Kleine Geschichten zum Vor- und Selberlesen
- Eltern lesen die linke, Kinder die rechte Seite
- Große Fibelschrift, hoher Bildanteil

Geschichten zum Selberlesen – Lesekompetenz üben und festigen

- Einfache Geschichten für Erstleser
- Klare Textgliederung in Sinnabschnitte
- Viele farbige Bilder zur Veranschaulichung
- Leserätsel zum Textverständnis

Extra Lesetraining – vertiefende Methoden zum Lesenlernen

- Spannende Geschichten für Leseanfänger
- Bewährte didaktische Konzepte
- Einfache Sätze, klare Gliederung
- Leserätsel zur Erfolgskontrolle

Silbenmethode

Vereinfachte Ausgangsschrift

Jetzt wird's bunt!

Die beliebte Reihe der Conni-Abenteuer jetzt farbig illustriert.

CARLSEN

ISBN 978-3-551-55851-0

ISBN 978-3-551-55852-7

ISBN 978-3-551-55616-5

ISBN 978-3-551-55854-1

ISBN 978-3-551-55855-8

ISBN 978-3-551-55853-4

Zum Vorlesen oder selber Lesen.
Mehr Informationen auf www.carlsen.de

Noch mehr Sammelbä

Erste Geschichten zum Lesenlernen
ISBN 978-3-551-06616-9

Schreibschrift-Geschichten zum Lesenlernen
ISBN 978-3-551-06622-0

Ponyhof-Geschichten zum Lesenlernen
ISBN 978-3-551-06621-3

Mehr Bücher und Leselern-Extras auf www.lesemaus.de!

nde zum Lesenlernen

Starke Geschichten zum Lesenlernen
ISBN 978-3-551-06617-6

Neue Tiergeschichten zum Lesenlernen
ISBN 978-3-551-06619-0

Neue Silben-Geschichten zum Lesenlernen
ISBN 978-3-551-06618-3

3 Bände in 1 nur € 5,–

LESEMAUS zum Lesenlernen

CARLSEN
www.carlsen.de